LA MORT

ET

LES FUNÉRAILLES

DE

NAPOLÉON III

LA MORT

ET

LES FUNÉRAILLES

DE

NAPOLÉON III

PAR

FERNAND GIRAUDEAU

PARIS

AMYOT, LIBRAIRE-ÉDITEUR

8, RUE DE LA PAIX

—

1873

LA MORT & LES FUNÉRAILLES

DE

NAPOLÉON III

Les souverains de la France ne meurent plus aux Tuileries. Les caveaux de Saint-Denis attendent vainement leur dépouille. C'est la terre étrangère qui la recueille. Comme Napoléon Ier, comme Charles X, comme Louis-Philippe, Napoléon III est mort en exil.

Sa mort cependant ne ressemble pas à la leur.

Lorsque l'exilé de Claremont, l'exilé de Goritz et le captif de Sainte-Hélène disparurent du monde, leur carrière était close. Ils étaient entrés, vivants, dans la postérité et n'apparaissaient plus à leurs contemporains que comme des figures historiques. La nouvelle de leur mort semblait le mot *fin* écrit au bas d'un livre que chacun savait achevé. Elle réveillait les échos du passé, mais ne modifiait pas les spéculations de l'avenir; elle remuait des souvenirs, mais ne brisait pas d'espérances. Elle était accueillie, en un mot, comme la fin naturelle de ces grands parents qui ont épuisé leur part de vie et sont arrivés au terme fatal du voyage.

La mort de Napoléon III, au contraire, émut, saisit tout le monde comme nous émeut, comme nous saisit la fin de ceux qui s'en vont avant l'heure. Le monde, en effet, ne considérait pas sa tâche comme accomplie. La France et l'Europe comptaient encore sur lui. On ne s'habituait pas à le traiter comme un souverain détrôné. Il semblait n'avoir quitté la scène politique que pour réparer ses forces dans la retraite et pour fournir à ses contempteurs l'occasion d'étaler leur impuissance.

Dans Chislehurst, on ne voyait pas Sainte-Hélène, mais l'Ile d'Elbe. Ceux même que leurs préférences personnelles éloignaient du régime impérial, aimaient à sentir dans l'hôte silencieux de Camden une ressource suprême contre les suprêmes périls. Convaincus que sa main puissante les retiendrait sur le bord des abîmes, ils s'y laissaient insouciamment conduire. Invisible et muet, l'Empereur planait toujours sur nos destinées. Son nom suffisait encore à rassurer les bons, à faire trembler les méchants. Aussi, quelle joie cynique chez ceux-ci, quelle stupeur chez ceux-là, quand se répandit la nouvelle de sa mort, et comme on vit bien que les uns se sentaient débarrassés de leur plus redou-

table ennemi, les autres privés de leur plus énergique protecteur !

Nous devons le dire, cependant, dans la douloureuse émotion que cette nouvelle excita au cœur
de l'immense majorité des Français, il n'y avait pas
seulement de l'épouvante. Il était aisé d'y découvrir
un sentiment plus noble : le regret de n'avoir pu
réparer une grande injustice.

☩

La France n'avait pas fait la Révolution de Septembre, mais elle l'avait laissé faire ; elle n'avait pas
mis au pouvoir les auteurs de cet attentat, mais
elle les y avait soufferts. Elle n'avait pas pris part à
ce concert d'odieuses calomnies dont ils accablaient
le captif de Wilhelmshohe, mais elle l'avait toléré.
Ce souvenir lui pesait. Elle sentait bien que tout
cela était immérité ; que l'Empereur n'était ni lâche,
ni fou, ni féroce ; qu'il n'avait pas conspiré l'abais-
sement de la patrie ; qu'il avait, au contraire, l'âme
grande et haute, l'esprit vigoureux ; qu'il aimait sincèrement la France ; qu'il la voulait riche, prospère et
puissante... plus puissante, hélas ! que ne le permet-
tait la haine aveugle d'une opposition sans patriotis-
me ; qu'il avait voulu le bien ; que ses fautes même
étaient nées d'un instinct généreux ; qu'il méritait le
surnom de *bien intentionné* que M. de Girardin lui
disait réservé par l'histoire ; et qu'il avait pu, sans

mentir, une année avant la guerre, se rendre ce témoignage à lui-même : « Certes, tout gouverne-« ment est sujet à erreur et la fortune ne sourit pas « à toutes les entreprises; mais ce qui fait ma « force, c'est que la nation n'ignore pas que, « depuis vingt ans, je n'ai pas eu une seule pensée, « je n'ai pas fait un seul acte qui n'ait eu pour « mobile les intérêts et la grandeur de la France. » En un mot, revenue d'un éblouissement qu'excusaient ses malheurs, la France avait lu, elle avait réfléchi, elle savait la vérité et regrettait de l'avoir méconnue. Elle n'osait encore l'avouer hautement, car de tous les courages, celui qui consiste à reconnaître qu'on s'est trompé est parmi nous le plus rare, mais elle le laissait deviner de mille façons; elle ne témoignait pas encore directement ses regrets pour la noble victime du 4 septembre, mais elle les témoignait indirectement par sa haine, chaque jour plus prononcée, pour les héros de cette journée maudite. Pour détruire leur œuvre, pour rappeler celui qu'ils avaient renversé, elle attendait encore, croyant qu'il était de sa dignité de ne point paraître se déjuger trop vite... La mort venait de déjouer ces calculs... Ses regrets ne s'adresseraient plus qu'à une tombe ! cette dette qu'elle avait voulu léguer à l'avenir, elle ne pourrait plus l'acquitter ! Et la France, cette nation mobile, capricieuse, capable de tous les entraîne-ments, de tous les excès, mais chez qui les instincts

généreux ont toujours le dernier mot, en éprou-
vait au fond de l'âme un malaise qui ressemblait
bien à du remords !

✠

Elles aussi, les Puissances, espéraient en l'Empereur, en celui qu'on nommait jadis « la clef de
voûte de l'ordre européen, » dont la main leur semblait seule assez puissante pour mettre un frein aux
entreprises de la démagogie internationale et pour
étouffer dans son foyer la gangrène révolutionnaire.

Elles aussi, le crime de septembre les avait indi-
gnées. Elles n'en avaient accepté les conséquences
qu'à contre-cœur et, à leurs yeux, l'exilé de Chislehurst n'était point déchu de sa dignité souveraine.

✠

Tout cela ne s'est bien senti, bien compris, tout
cela n'est clairement apparu qu'après le 9 janvier. Il
fallait que Napoléon III mourût pour qu'on mesu-
rât quelle place il occupait dans le monde. Il fallait
que ce grand chêne, d'aspect vigoureux encore,
mais intérieurement ravagé par le coup de foudre
de Sedan, tombât, pour qu'à l'ébranlement causé
par sa chute on vît quelles profondes racines le
fixaient encore à la terre.

✠

La mort d'un tel homme appartient à l'histoire. L'histoire doit en connaître les moindres circonstances. Bien des récits en ont été faits à la première heure, exacts sur certains points, erronés sur d'autres. Nous les avons fondus en un seul, prenant à chacun ce qu'il contenait de vrai, y ajoutant de nouveaux détails, recueillis de la bouche même des témoins. Nous ne nous sommes préoccupé ni d'émouvoir, ni de charmer le lecteur; mais seulement de lui faire savoir quelle fut cette agonie, comme un fils pieux, après avoir fermé les yeux de son père, recueille avec soin les moindres objets qui l'entouraient et dont la mort vient de faire des reliques.

La maladie qui devait emporter l'Empereur

datait de 1866. On s'était bien longtemps mépris sur son caractère. Le premier, au commencement de juillet 1870, le docteur Sée déclara qu'il croyait à l'existence d'un calcul. Un an plus tard, le docteur Corvisart, puis le docteur Conneau, ayant suivi le malade avec un soin constant et observé en lui de graves symptômes qui confirmaient l'avis de M. Sée, s'y rangèrent complètement, et laissèrent voir leur inquiétude. D'autres médecins, il est vrai, parmi les plus célèbres de France et d'Angleterre, combattaient leur opinion, soutenant jusqu'à ces derniers temps que l'Empereur n'avait aucune affection sérieuse et que des soins, une bonne hygiène devaient suffire à lui rendre la santé.

Ce qui contribua surtout à tromper les hommes de science, depuis le début de la maladie jusqu'à son dénoûment, c'est le courage avec lequel la supporta l'Empereur. Quand on le voyait remplir tant de laborieuses corvées sans se plaindre, il semblait difficile de croire qu'il portât en lui ce mal terrible. C'est que l'Empereur avait une âme stoïque. Il n'admettait pas que la souffrance maîtrisât sa volonté. Dans la lutte qu'il avait à soutenir contre elle, il ne voulait pas s'avouer vaincu et croyait qu'à force d'énergie il pourrait rester toujours le plus fort. Quand la guerre fut déclarée, quand il crut sa présence à l'armée nécessaire pour éviter les rivalités, les conflits entre les divers chefs de corps, il n'hésita pas un instant, bien qu'il sût que la campagne dût être « longue et pénible (1), » à en affronter les fatigues.

Peut-être, cependant, nous croira-t-on désormais, quand nous affirmerons qu'il n'avait pas désiré la guerre, qu'en la déclarant il ne cédait pas à une préoccupation dynastique, à un calcul d'ambition personnelle, mais à la pression de l'opinion publique et de la presse. Peut-être nous croira-t-on désormais, lorsque nous affirmerons que l'homme qui dominait ainsi ses souffrances, qui les traînait sur les champs de bataille, quand il aurait pu les soigner aux Tuileries, qui restait au milieu de l'armée quand, ne la commandant plus, il pouvait venir reprendre les rênes du gouvernement, qui la suivait à Sedan pour partager jusqu'au bout son sort, quand on lui offrait les moyens de gagner seul Mézières; peut-être nous croira-t-on lorsque nous affirmerons qu'il n'a pas pâli devant les balles!... Parmi ceux qui lancèrent contre lui cette accusation, plus niaise encore qu'odieuse, nous voudrions savoir combien il en est qui, souffrant comme lui, seraient restés à cheval depuis cinq heures du matin jusqu'à midi? Ils lui reprochaient cependant de n'y être pas resté davantage. Et ce reproche le touchait! Un des compagnons de l'exil, au bras duquel il faisait de préférence ces

(1) Voir la proclamation à l'armée du 28 juillet 1870.

longues promenades matinales où il passait parfois des heures entières, abîmé dans ses douloureuses rêveries, sans prononcer une parole, nous racontait récemment que, par deux fois, il l'avait entendu dire tout à coup, comme poursuivant le cours de ses pensées : « Oui, sans doute, il aurait « mieux valu que je restasse à cheval jusqu'à la « fin. Cela n'eût rien changé aux événements, car « tout était bien perdu dès le matin et je n'avais « plus d'ordres à donner. Du moins cela eut « enlevé un prétexte à la calomnie... Mais je n'ai « pas pu ! Tout ce que les forces humaines pou- « vaient supporter, je l'ai supporté. Je ne pouvais « pas davantage. Non, vraiment, je ne pouvais « pas !... »

Les fatigues de la guerre, les désastres subis, le déchaînement des outrages avaient gravement atteint l'Empereur, car ce cœur si ferme contre la douleur physique était, sous son apparente sérénité, singulièrement sensible aux blessures morales. S'il conservait peu d'amertume des attaques sans nom dont on l'accablait, s'il était le premier à excuser l'aveuglement de leurs auteurs, il n'en souffrait pas moins !

Ce que la guerre, la défaite, la calomnie avaient si bien commencé, le climat de l'Angleterre l'a-cheva. Nul ne lui était plus contraire. Usé par toutes ces influences, le tempérament du ma-lade n'offrait plus de résistance ; mais son énergique volonté ne fléchissait pas. La maladie le brisa; elle ne put l'abattre. Tous les courtisans de l'exil qui, depuis deux ans, s'étaient rendus à Chislehurst, en étaient revenus, charmés, surpris de la bonne mine de l'Empereur; et à ceux qui les interrogeaient avec insistance sur sa santé, comme si elle eût été le pivot de notre situation politique, ils répondaient le plus sincèrement du monde que l'Empereur allait bien; qu'on ne l'avait pas vu depuis longtemps si vaillant, si dispos, et qu'il semblait réellement rajeuni.

Cependant, vers la fin de l'année dernière, la maladie s'accusa par des symptômes plus impérieux. L'Empereur dut renoncer à l'exercice de la voiture, puis à celui de la marche. MM. Corvisart et Conneau conseillèrent l'opération qu'ils jugeaient nécessaire, tandis que d'autres la déclaraient encore inutile. Le prince Napoléon, venu en Angleterre au commencement de décembre, pressait l'Empereur de se rendre au désir de ses médecins. Pour l'y décider, il lui disait un jour qu'à ce prix seulement, il pourrait recouvrer l'entière disposition de lui-même.

— Oh! lui répondit l'Empereur, ma santé ne sera jamais un obstacle, je ferai ce que je devrai faire.

Et il résolut alors de tenter sur lui-même une dernière expérience.

Le lendemain, vers deux heures, un valet de pied annonçait au comte Davillier que la voiture de l'Empereur était au perron... « La voiture de l'Empereur ! » s'écrie-t-on avec surprise. On croit à une erreur. Il y a déjà longtemps que l'Empereur ne monte plus en voiture ; il y a quinze jours qu'il ne se promène plus à pied, qu'il ne sort plus de la maison. On va s'informer près de lui.

— Oui, répond-t-il, je sors. Je vais voir le Prince à Woolwich.

L'Empereur partit en effet, accompagné du prince Napoléon-Charles Bonaparte, en ce moment installé à Camden-Place, alla jusqu'à Woolwich, situé à trois lieues environ de Chislehurst, se promena quelques instants avec son fils et revint. A son retour les médecins questionnèrent avec inquiétude le prince Napoléon-Charles ; ils apprirent de lui que l'Empereur ne s'était pas plaint ; et que, si ses douleurs avaient augmenté, son visage n'en avait rien laissé voir.

Mais l'Impératrice étant venue lui demander comment il avait supporté sa promenade, l'Empereur, se croyant seule avec elle, répondit : « J'ai un peu souffert. »

Deux jours après, il avait une fièvre violente. Une crise aiguë se déclarait. Elle devait triompher enfin des hésitations. L'exploration fut résolue. Sir Henry Thompson, qui jouit en Angleterre de la plus haute réputation et qu'avait désigné le docteur Gull, fut chargé de la faire. Elle vint donner raison à l'opinion émise par M. Sée, adoptée par

MM. Corvisart et Conneau, en attestant la présence d'un calcul déjà volumineux.

On décida que les opérations de lithotritie auraient lieu dans les premiers jours de janvier. Tout le monde à Camden-Place, sauf peut-être l'Empereur lui-même, en attendait le résultat avec confiance. On se plaisait à rappeler le nombre considérable de cures obtenues par le docteur Thompson, le nombre infiniment restreint des opérations malheureuses. Nul n'était plus confiant, plus heureux de la décision prise que le Prince Impérial. Ecrivant à son parrain le Saint Père, à l'occasion du premier Janvier, il lui demandait sa bénédiction pour le malade. Sa lettre, retardée par un malentendu, devait arriver à Rome le jour même où le télégraphe y annonçait la mort de Napoléon III.

☩

Sir Henry Thompson vint s'installer à Camden-Place, et, le 2 janvier, assisté de M. Forster, son aide, de M. Glover, chargé d'administrer le chloroforme, en présence des docteurs Gull, Conneau, Corvisart, il fit la première opération. Elle avait lieu dans de bonnes conditions, les souffrances du malade étant moins vives qu'elles ne l'avaient été depuis longtemps. Elle ne produisit cependant, qu'un faible résultat. Le calcul ne fut qu'entamé.

Dès le lundi 6, le docteur Thompson crut pouvoir entreprendre une seconde opération. Celle-ci fut plus efficace que la première, mais plus laborieuse et suivie de vives douleurs, ainsi que de phénomènes locaux d'un caractère inquiétant. Les médecins s'étant concertés, décidèrent que si la troisième opération de lithotritie n'était pas décisive, ils tenteraient celle de la taille.

✠

Le pouls, le visage du malade indiquaient seuls les variations de son état. Il ne se plaignait jamais. Il parlait à peine. Depuis le lundi, jusqu'à sa dernière heure, il ne sortit que trois ou quatre fois de l'assoupissement, mêlé de délire, où le plongeait la maladie, peut-être l'usage excessif du chloroforme.

Le mardi seulement, l'Impératrice s'étant approchée de son lit, il lui demanda :

— Où est donc Louis ?

— Il est retourné à Woolwich. Voulez-vous le voir ?

— Non, non. Il travaille. Je ne veux pas qu'on le dérange.

Le lendemain, voyant entrer dans sa chambre M. Conneau, qui était allé à Londres soigner sa fille malade, l'Empereur lui dit :

— Ah! c'est vous, Conneau... Vous étiez à Sedan?

— Oui, sire, fit M. Conneau, croyant répondre ainsi à sa pensée mal traduite, j'étais à Londres.

— Je ne vous demande pas si vous étiez à Londres. Je vous demande si vous étiez à Sedan?

— Oui, sire, j'y étais.

— Ah!

Et il referma les yeux.

✠

Louis! Sedan! Telles furent ses dernières paroles. L'une était le seul adieu qu'il dût faire à ce fils si tendrement aimé, qu'il ne pouvait regarder, même au milieu de ses plus cruelles souffrances, physiques ou morales, sans qu'un rayon de bonheur vînt illuminer son visage. L'autre nous laisse entrevoir la blessure que lui avaient faite les injures odieuses de ses ennemis, qu'il cachait à tous les regards, mais qui saignait toujours et le dévorait lentement. La fièvre trahit son secret. Elle met son âme à nu. Et, comme bientôt le scalpel des chirurgiens ira chercher les causes physiques de sa fin, ce cri de l'agonie nous en fait voir clairement les causes morales... La voilà la, vraie maladie!

O vous! qui, pour prendre sa place et pour la garder, l'avez abreuvé d'outrages, approchez-vous... Contemplez votre œuvre... Soyez heureux! Étalez votre joie dans vos journaux! Dansez dans vos préfectures!... C'est bien de votre main qu'il est mort!

✠

Loin de nous la pensée d'arranger le récit de ces heures suprêmes pour le rendre plus émouvant. Nous l'avons déjà dit, nous n'apportons ici qu'une préoccupation, celle de l'exactitude. Les paroles que nous venons de rapporter sont bien les dernières qu'ait prononcées Napoléon III en ce monde. Si, avant de mourir, il ouvrit encore la bouche, ce ne fut que pour répondre par des monosyllabes aux questions de ses médecins.

✠

Cependant, dans la soirée du 8, l'état général du malade sembla s'améliorer. La nuit fut calme. Les souffrances avaient sensiblement diminué. La journée du 9 s'annonçait bien, si bien que le docteur Thompson, plus satisfait qu'il ne l'avait été depuis longtemps (il le disait en propres termes au comte Clary), se préparait à faire la troisième opération de lithotritie et déclarait que celle de la taille serait sans doute inutile.

✠

Vers 9 heures, M. Clary recevait de M. Filon, percepteur du Prince Impérial, installé avec lui à Woolwich, une dépêche ainsi conçue : « Le Prince demande à venir voir l'Empereur ce soir. J'ai pris mes mesures pour que son travail n'en souffrît pas. » Telle était encore la quiétude de tous qu'en ce moment, — deux heures avant la mort ! — on se préoccupait de ne pas troubler le travail du Prince !

La veille déjà, le comte Clary avait demandé au docteur Corvisart si, en raison de l'état plus inquiétant de l'Empereur, il ne fallait pas rappeler son fils à Camden.

— Non, avait répondu M. Corvisart, épargnons ces émotions au Prince ; il revient ici tous les samedis. Nous verrons samedi prochain s'il doit y rester ; la journée d'aujourd'hui peut être décisive ; attendons-en le résultat.

En recevant la dépêche de M. Filon, le comte Clary renouvela sa question : « Le Prince doit-il revenir ? » M. Corvisart répondit comme la veille : « Non, pas encore. » Le comte Clary se disposa donc à partir pour Woolwich, afin de porter au Prince les nouvelles plus favorables de la matinée et les paroles rassurantes qu'il avait recueillies de la bouche de M. Thompson. Il alla prendre à ce sujet les ordres de l'Impératrice.

— Attendez-moi, lui dit Sa Majesté : puisque l'Empereur est mieux, j'irai voir le Prince avec vous. Il y a un mois que je ne suis sortie : ma présence le rassura plus que tout ce qu'on pourrait lui dire.

Pendant qu'on attelait la voiture qui devait la conduire, l'Impératrice s'habillait. A dix heures elle quittait ses appartements, prête à partir, mais tenant son chapeau à la main ; car elle désirait entrer dans la chambre de l'Empereur et ne voulait pas lui laisser deviner qu'elle le quittait pour quelques instants. Sur le palier qui précédait la chambre du malade, elle rencontra le docteur Corvisart, qui lui dit :

— L'Impératrice ne peut songer à sortir en ce moment.

— Qu'y a-t-il donc ?

— Une crise pendant laquelle il vaut mieux que Votre Majesté ne s'éloigne pas.

Puis, se retournant vers le comte Clary, il lui dit à voix basse : « Le Prince !... Hâtez-vous ! » Enfin, s'adressant à madame Lebreton, il ajouta : « L'abbé Goddard ! »

L'abbé Goddard est le curé de Sainte-Marie de Chislehurst, l'hôte assidu de Camden-Place, avec lequel l'Empereur aime à causer, dont il accepte volontiers les pieuses consolations, à qui récemment il disait, d'un ton à demi sérieux, en parcourant le petit cimetière qui précède l'église : « Je cherche la place où vous pourrez me mettre. »

✠

L'Impératrice est entrée dans la chambre. Les médecins, entourant le malade, observent avec anxiété les traits qui s'altèrent, les lèvres qui pâlissent, le pouls qui s'éteint.

— Sire, dit à haute voix l'un d'eux, l'Impératrice vient voir comment va Votre Majesté.

L'Empereur, se tournant aussitôt, cherche du regard celle qu'on lui annonce. L'Impératrice s'approche, lui baise le front ; lui, tournant la tête, avance les lèvres pour l'embrasser à son tour. Il en a à peine la force.

Le docteur Thompson lui fait avaler quelques cuillerées de rhum ; et l'Impératrice, comme si ce devait être un cordial plus puissant, lui dit :

— Louis va venir, mon ami.

En effet, ce nom semble le ranimer. Un faible sourire, un pâle rayon de joie éclaire encore son visage blêmi.

L'abbé Goddard entre alors. Il administre au mourant l'extrême-onction. Tout indique bientôt que la fin s'approche.

Un premier sanglot plisse les lèvres... Quelques instants plus tard un second sanglot... Puis, le dernier soupir !... si faible, si léger, que l'Impératrice n'y reconnaît pas la mort. Tout est fini et elle ne l'a pas compris. L'abbé Goddard s'approchant d'elle pour l'éloigner, elle croit qu'il veut rester seul avec l'Empereur ; elle va se retirer... Les médecins s'avancent alors et lui apprennent la vérité.

— C'est impossible ! C'est impossible ! s'écrie-t-elle d'une voix déchirante, en se penchant sur le lit.

Tout le monde tombe à genoux, priant pour l'âme qui va paraître devant Dieu !

✠

A ce moment même le comte Clary arrivait à Woolwich. Le Prince, le fusil sur l'épaule, se rendait à l'exercice. Il avait travaillé toute la matinée, plein de courage, plein d'espoir. Naturellement enclin à la confiance, il croit que les mauvais jours sont passés, que la première opération a détruit le principe du mal et qu'avant peu l'Empereur aura recouvré sa santé d'autrefois. L'arrivée du comte Clary, à cette heure inaccoutumée, l'effraie. Ce dernier qui, malgré ce qu'il avait entendu en quittant Camden, ne soupçonnait pas l'imminence du péril, le rassure pendant tout le temps de la route. On arrive. Il est midi. La voiture, avant de s'arrêter au perron, passe devant la grande fenêtre de la salle à manger. La table est servie ; personne n'a déjeuné. Les domestiques qui se présentent à la portière ont le visage défait. Le comte Davillier attend le Prince à la porte.

— Eh bien ? lui demande celui-ci, déjà troublé par ce qu'il vient de voir.

— Du courage, Monseigneur, l'Empereur est bien mal.

— Que dites-vous !

— L'Empereur est très mal.

Le Prince aperçoit alors l'abbé Goddard qui vient à lui en pleurant. La vérité lui apparaît. Il chancelle. On le soutient. Il se redresse brusquement et court à l'escalier qu'il franchit en un instant. Sur le palier il se trouve en face de l'Impératrice qui sort de la chambre mortuaire, accompagnée des personnes qui ont assisté aux derniers moments.

— La vérité ! leur dit-il.

Personne n'ose la lui annoncer.

— La vérité ! Je veux la savoir.

Pour toute réponse, l'Impératrice lui ouvre ses bras en sanglotant. Il s'y jette. Puis, se dégageant, il entre dans la chambre. Une heure auparavant, il voyait son père guéri, rajeuni : il était heureux. Il se trouve maintenant devant un cadavre !... Les yeux fermés, le visage admirablement calme, l'Empereur semble dormir. Le Prince le contemple un instant avec stupeur. Puis, tombant à genoux, il fait le signe de la croix, et d'une voix lente grave, forte, il dit : « *Pater noster qui es in cœlis* « *sanctificetur nomen tuum, adveniat regnum*

« *tuum, fiat voluntas tua, sicut in cœlo et in*
« *terra; panem nostrum quotidianum da nobis*
« *hodie; et dimitte nobis debita nostra, sicut et*
« *nos dimittimus debitoribus nostris; et ne nos*
« *inducas in tentationem, sed libera nos à malo.*
« — Au nom du Père, du Fils et du Saint-Esprit,
« Ainsi soit-il. »

Il se relève, regarde quelques instants encore son père, saisit sa tête des deux mains et l'embrasse longuement. On veut l'entraîner. « Non! s'écrie-t-il, je ne peux pas, je ne peux pas!... »

Il s'éloigne enfin, se retire dans sa chambre, tombe sur un fauteuil, y reste quelque temps les yeux secs, immobile et comme pétrifié par la douleur. Il se fait raconter les derniers moments de l'Empereur; son cœur déborde et enfin il éclate en sanglots!...

✠

La nouvelle s'est déjà répandue; Londres la connaît à 2 heures, toute l'Angleterre bientôt après. Elle excite une émotion profonde. Un témoin

peu suspect, le correspondant du journal *Le Temps*,
le constate en ces termes : « Un quart d'heure
« après la nouvelle, tout Londres était au comble
« de l'agitation. Je n'ai jamais rien vu de pareil de-
« puis la maladie du prince de Galles, et certes, le pu-
« blic n'était pas alors dans un état semblable. » Le
Globe, le *Morning Post*, plusieurs autres journaux paraissent encadrés de noir. A Manchester,
à Birmingham, partout la nouvelle est accueillie
comme à Londres. C'est un deuil national.

Les témoignages de condoléance affluent à la
résidence impériale. Vers deux heures, lord Sydney, Grand Chambellan de la Reine, suivi de près
par le duc de Cambridge, y apporte la première
expression des sentiments de sa souveraine. De sa
résidence d'Osborne, celle-ci envoie à l'Impératrice, au Prince Impérial, lettres et dépêches où
l'âme chrétienne de la veuve inconsolée traduit
éloquemment sa profonde sympathie pour une
douleur à laquelle, mieux que personne, elle peut
s'associer. En même temps elle envoie l'un de ses
officiers à Chislehurst pour y recueillir les moindres circonstances des derniers moments.

De minute en minute, le télégraphe apporte de
toutes les cours de l'Europe des témoignages de
regret, dont les termes indiquent non pas l'ac-
complissement banal d'un devoir d'étiquette, mais
l'expression sincère d'une sympathie personnelle.
Dans ces noms de *Frère* et de *Sœur* qu'échangent

entre eux les souverains, dans cet usage de porter tous le deuil de chacun des leurs, comme s'ils formaient une seule famille, y aurait-il donc autre chose qu'un vain cérémonial? On serait tenté de le croire, lorsqu'on parcourt, comme il nous a été permis de le faire, la volumineuse collection des dépêches parvenues à Camden-House entre le 9 et le 11 janvier.

Après les souverains, ce sont les grandes villes d'Italie exprimant leurs regrets pour le libérateur de 1859, puis les amis de France, grands et petits, illustres et inconnus, pleurant celui dont on aimait le cœur avant d'admirer le génie. Les dépêches, les lettres s'entassent par monceaux ; on ne peut suffire à les dépouiller. Quarante journaux de Paris ou des départements arrivent encadrés de noir.

Mais, de tous les témoignages, celui qui nous semble le plus éloquent, c'est le deuil silencieux et unanime du village de Chislehurst. Les lettres des souverains, les adresses des municipalités, les motions des Parlements nous touchent moins que les habits de deuil et les visages attristés de ces villageois, que ces boutiques fermées depuis le jour de la mort jusqu'au jour des funérailles. Qu'on ne nous parle plus de traités de commerce et de guerre de Crimée! Ici ce n'est pas le souverain, le politique, l'allié loyal et fidèle qu'on pleure, c'est l'homme bon, simple et doux que depuis dix-huit mois on a appris à connaître.

Le vendredi, le prince Napoléon-Charles Bonaparte, M. Rouher, M. le général Fleury, M. Piétri, M. Charles Abbatucci arrivent à Chislehurst. L'Impératrice a la force de les recevoir. Le prince Impérial n'est plus à Camden. Voyant qu'on ne pourrait, tant qu'il y serait, l'arracher de la chambre mortuaire où s'épuisent ses forces (il doit les conserver pour les journées qui se préparent!), on l'a décidé à se retirer dans la petite maison que le comte Clary occupe à l'extrémité du parc. Il ne reçoit personne. Il pleure.

✠

Le lendemain, vers une heure, Son Altesse Royale le prince de Galles, accompagné d'un de ses officiers, se rend à la résidence impériale. Il ne demande, dit-il, à voir ni l'Impératrice ni son fils. Il veut leur faire savoir seulement la part qu'il prend à leur chagrin. L'Impératrice est trop souffrante, en effet, pour recevoir sa visite. Mais le Prince Impérial veut lui porter lui-même les remercîments de sa mère et les siens. Le Prince de Galles l'embrasse en lui disant : « Je vous plains, « car je sais par moi-même ce que vous devez « souffrir! »

Bientôt arrive le comte Pierre Schouvaloff, en ce moment en mission en Angleterre, et qui a reçu par le télégraphe, de l'Empereur Alexandre, l'ordre

d'apporter à Camden ses compliments de condoléance; puis ce sont leurs Altesses le prince Christian, gendre de la Reine, le prince et la princesse
de Saxe-Weimar, le comte d'Aquila venant avec le
prince Louis de Bourbon son fils et disant : « Je
pleure l'Empereur comme un parent; » le ministre
d'Italie, lord Sydney, lord et lady Cowley, quelques nouveaux amis de France, enfin le prince Napoléon et la princesse Clotilde, venant de Suisse,
sans avoir pu traverser la France, ce qui les a for-
cés de faire un long détour.

Le dimanche, les habitants de Camden-Place, les
Français arrivés depuis deux jours à Chislehurst
assistent à la messe dite par l'abbé Goddard, dans
la petite église de Sainte-Marie. L'abbé Goddard
aurait voulu parler du défunt. Il n'en pas la force.
Il le déclare à l'assistance : « Je ne puis rien vous
« dire aujourd'hui. Sachez seulement que je vais
» offrir le saint sacrifice de la messe pour le repos
» de l'âme de l'Empereur. »

A Londres, toutes les églises et tous les temples
sont pleins du nom de Napoléon. Prêtres et ministres en font le sujet de leurs sermons. A Saint-
Paul, le révérend W. Rogers loue surtout « sa dignité dans le malheur, sa résignation chrétienne; »
il termine en disant : « Bénissons la mémoire de

l'Empereur, cette mémoire qui ne s'effacera jamais! » A l'église catholique de Nottingham, le chanoine Sibthorp retrace à grands traits la vie de Napoléon III et finit son éloquent récit par ces mots : « Il est mort dans la foi de l'église catholi-
» que et muni des sacrements de l'église. Quelles
» qu'aient été ses fautes, il est demeuré ferme
» dans sa croyance. Que tous les catholiques
» prient donc pour lui! »

Dans cette journée du dimanche, la duchesse de Sutherland, Grande Maîtresse de la maison de la Reine, vient s'informer de la santé de l'Impératrice. Le lord Maire, les ambassadeurs ou ministres de Russie, de Danemark, des Pays-Bas, de Turquie, d'Espagne, de Perse, paraissent successivement à la résidence de Camden.

Vers le soir, le Prince Impérial vient remercier les quelques français réunis dans le salon du rez-chaussée. Il serre la main à tous, parle à la plupart.

— Ah! madame la Maréchale, dit-il à la duchesse de Malakoff (dont la mère, on s'en souvient, périt brûlée dans le terrible accident de Juvisy), nous avons bien pensé à vous l'année dernière, nous avons partagé votre douleur. Mais c'est aujourd'hui seulement que je la comprends.

Il remonte chez l'Impératrice. Une personne de la maison vient prendre les ordres de sa Majesté pour une question relative à la cérémonie des obsèques. L'Impératrice se retourne vers son fils, et lui dit :

— Parles, Louis. Maintenant c'est à toi de décider.

Le Prince s'agenouille, et, pour toute réponse, baise la main de sa mère en la couvrant de larmes.

En ce moment, une grande clameur se fait entendre vers l'entrée du parc... Ce sont des réfugiés de la Commune venus de Londres pour chanter la *Marseillaise* sous les fenêtres de la veuve et de l'orphelin.

✠

Le lundi, les Français commencent à arriver en grand nombre. L'un d'eux, M. Eugène Delessert, a apporté une caisse de terre, prise dans le jardin réservé des Tuileries, pour en faire un lit au cercueil.

Tous ceux qui en expriment le désir sont admis à venir prier dans la chambre mortuaire.

Après l'autopsie, faite le 10, par M. Bardon-Anderson, et l'embaumement, opéré le 11 par M. Gastine, MM. le comte Davillier, le comte Clary, le docteur Conneau, Franceschini Piétri, aidés des valets de chambre Gouttelard et Muller, avaient habillé le corps et l'avaient déposé dans la bière.

C'est ainsi que nous revoyons notre Empereur!..

Il est revêtu de l'uniforme de général de division, il porte l'épée au côté. Son képi est sur ses pieds ; sur sa poitrine, le grand cordon et la croix de chevalier de la Légion d'Honneur, la médaille militaire, la médaille de la campagne d'Italie, et le glaive de Suède, ordre qui ne peut être porté que par des souverains ayant personnellement remporté des victoires. Au dessus de ses mains croisées est un crucifix de nacre, de chaque côté un portrait de l'Impératrice et un portrait du Prince Impérial. A la main gauche il porte l'anneau de son mariage et la bague qui était au doigt de Napoléon Ier quand il mourut à Saint-Hélène. On comptait lui retirer cette relique de famille pour la remettre au Prince; mais, par un scrupule filial, le Prince s'y est opposé.

La bière doublée de soie blanche, couverte de bouquets d'immortelles et de violettes, repose sur des tabourets tendus de draperies noires. Sur une table, à ses pieds, est une statue de la Vierge et une coupe remplie d'eau bénite où plonge un rameau de buis.

De chaque côté se tiennent une sœur de Saint-Joseph et l'un des serviteurs de l'exil : MM. le duc de Bassano, le comte Davillier, le comte Clary, le docteur Conneau, Franceschini, Piétri, le docteur Corvisart, Filon, qui, depuis le moment de sa mort, s'y sont succédé d'heure en heure, et auxquels dès leur arrivée se sont joints : Mgr le prince Napoléon-Charles Bonaparte, le marquis d'Havrincourt, le baron de Montbrun, le vicomte Onésime Aguado et le baron Lambert.

Vers le milieu de la journée, les ouvriers remplissent les salons du rez-de-chaussée qu'ils préparent pour la cérémonie de l'exposition du corps.

✠

.C'est le lendemain, 14 janvier, qu'a lieu cette cérémonie. La grande galerie qui traverse la maison d'un bout à l'autre, et par laquelle on défilera devant le corps, est tendue de noir. Le *hall* qui s'ouvre sur elle est convertie en chapelle ardente. Sur les draperies noires du fond se détachent en blanc une grande croix surmontée d'une couronne; sur celles de droite et de gauche les armes impériales et des N couronnés. Des drapeaux tricolores forment la voûte : le Prince Impérial a tenu à ce que son père reposât sous les couleurs de la patrie.

A neuf heures, le cercueil est descendu. Il est posé sur une estrade en plan incliné, recouverte de velours violet, semé d'abeilles d'or. Derrière, sur une table tendue de drap noir, un crucifix de bronze; devant, dans un bassin d'argent, l'eau bénite qu'on va jeter sur le corps; partout les couronnes, les bouquets apportés de France ou envoyés par ceux qui n'ont pu venir.

Des ecclésiastiques de l'ancienne chapelle impériale, l'abbé Laine, l'abbé Pajol, l'abbé Metairie; deux chanoines de Saint-Denis, l'abbé Castaing, l'abbé Cadoret et Mgr Bauer prient agenouillés. Quatre grands officiers de la maison impériale forment le service d'honneur, deux de chaque côté, debout, immobiles, les bras croisés, la tête baissée : cortége de l'exil et de la mort, plus imposant mille fois que ne furent jamais ceux de la souveraineté toute puissante. C'est d'abord : le général comte Fleury, le général prince de la Moskowa, le comte Davillier, M. Conneau. Ils se remplacent de deux heures en deux heures. Aides-de-camp, grands officiers de la Couronne, chambellans, écuyers, officiers de la maison militaire, oude la maison civile, tous sont là, excepté ceux que les interdictions formelles du gouvernement de Versailles ont empêché de venir. Tous ont voulu rendre ce dernier hommage à leur ancien maître et prendre encore une fois « le service de l'Empereur. »

A onze heures, le Prince Impérial entre à la résidence.

Le prince Napoléon (Jérôme), le prince Louis Lucien, le prince Napoléon-Charles, le prince Joachim Murat, le prince Achille Murat, le duc de Mouchy l'accompagnent. Le général marquis d'Espeuilles, le comte Clary, M. Filon, M. Louis Conneau le suivent.

Il se rend dans le salon principal où l'attendent Leurs Altesses Impériales la princesse Clotilde, la princèsse Mathilde, Son Altesse la princesse Achille Murat et madame la duchesse de Mouchy.

A onze heures et demie, on annonce l'arrivée du prince de Galles, du prince Arthur, son frère, et du prince Christian, son beau-frère. Le Prince Impérial s'avance jusqu'au seuil pour les recevoir. Tous trois, l'un après l'autre, le serrent dans leurs bras. Ils lui adressent quelques paroles d'affectueuse condoléance, reçoivent ses remercîments, formulés d'une voix ferme, pour les témoignages éclatants de sympathie que la Reine, les membres de la famille royale, le gouvernement, le peuple anglais n'ont cessé de donner à l'Empereur, et qu'ils prodiguent à sa tombe ; puis, conduits par le duc de Bassano, Grand Chambellan, et par le duc de Cambacérès, Grand Maître des cérémonies, ils vont s'agenouiller près du cercueil.

Ce pieux devoir accompli, Leurs Altesses se rendent chez l'Impératrice, et, après l'avoir quittée, alors qu'on les dirige vers la sortie, elles demandent à revenir saluer encore une fois la dépouille de l'Empereur.

Après leur départ, le Prince Impérial, suivi des membres de sa famille et des personnes de sa maison, se dirige à son tour vers la chapelle ardente, s'agenouille, prie, jette l'eau bénite ; puis, le cœur broyé, mais domptant son émotion par un énergique effort, il s'éloigne et va verser chez l'Impératrice les larmes qu'il a su jusqu'alors contenir.

Un sentiment nouveau se mêle désormais à sa douleur et vient en tempérer l'amertume : c'est l'orgueil filial. Lui qui avait pour l'Empereur autant de vénération que de tendresse, lui qui avait si cruellement souffert des outrages vomis contre son père depuis le 4 septembre, il jouissait pleinement de ces hommages arrivant de toute part, de ces manifestations publiques et de ce cortége si nombreux des fidèles de France, de leur deuil sincère, de leur douleur profonde, de leurs larmes ; L'Empereur était vengé ! La sympathie du monde lui restituait son rang. Il était bien encore pour tous le souverain, le grand homme qu'il avait toujours été pour son fils : « N'est-ce pas, disait-il en s'éloignant de la chapelle ardente, n'est-ce pas que c'est une apothéose ? »

☩

Quand il s'est retiré, tous les Français réunis dans la galerie, puis ceux qui se pressaient au dehors viennent successivement s'incliner devant le cercueil. C'est un spectacle émouvant de voir tous ces vieux serviteurs de l'Empire saluant pour la dernière fois celui dont ils ont pendant vingt ans servi la pensée, et qui les a moins conquis par le prestige de sa puissance que par le charme de cette bonté, déjà légendaire, qui sera son auréole dans l'histoire.

L'un d'eux surtout émeut les assistants par l'éclat de sa douleur. C'est le maréchal Lebœuf. Il tombe à deux genoux devant la bière en s'écriant : « Mon pauvre Empereur ! mon pauvre Empereur ! » Puis il fait lentement le tour de la chapelle et, se penchant vers le corps, baise par deux fois ces mains qu'il n'a plus serrées depuis Metz. Tout le monde comprend le sentiment qui déchire l'âme honnête de ce soldat malheureux et le noble mouvement qui le courbe devant ce cercueil. On l'entoure ; on le force à se relever ; on l'entraîne.

La foule continue à passer lente, silencieuse. Parfois on entend un sanglot étouffé, un *Adieu!* jeté à voix basse, ou le bruit sourd des couronnes, des bouquets d'immortelles ou de violettes, qu'une main jette en passant : C'est tout !

Après les Français, les Anglais sont admis. Ils ont envahi les vastes *commons* qui s'étendent devant la résidence. De cinq minutes en cinq minutes, un nouveau train grossit cette foule. Est-ce la curiosité qui attire ces visiteurs devant la dépouille de Napoléon III ? Non ! La gravité religieuse avec laquelle ils traversent la maison mortuaire et s'inclinent devant le cercueil, prouve qu'un sentiment plus élevé les y conduit.

On devait fermer les grilles à quatre heures. L'affluence est telle qu'on ne peut les fermer qu'à sept heures. On doit les rouvrir encore dans la soirée pour un groupe de Français qui viennent de débarquer et demandent à être admis.

A dix heures le dernier visiteur est parti.

✠

Il ne reste plus près du cercueil que les princes de la famille impériale et les personnes de la maison de Chislehurst. Tous viennent baiser une dernière fois la main glacée de l'Empereur. Ils se partagent les fleurs qui ont touché son corps. Ils en déposent d'autres à ses côtés.

M. Rouher dicte le procès-verbal qui décrit dans les moindres détails la disposition du corps, le costume dont il est revêtu, le cercueil de bois d'orme, doublé de plomb, dans lequel il est déposé. Le cercueil est fermé. Il est dix heures un quart. Sur le couvercle, soudé par une coulée de plomb, on fixe une plaque portant l'inscription suivante :

NAPOLÉON III

EMPEREUR DES FRANÇAIS

Né à Paris, le 20 avril 1808

Mort à Camden-Place

Chislehurst

Le 9 janvier 1873

R. I. P

Le premier cercueil est placé dans un second en bois d'acajou, doublé de velours, orné de clous dorés, sur lequel est répétée cette inscription.

A minuit, tout le monde s'est retiré, sauf les deux sœurs de Saint-Joseph, qui veillent l'auguste défunt depuis six nuits, l'officier de service et l'un des ecclésiastiques de la chapelle impériale. L'Impératrice descend alors, suivie de la duchesse de Mouchy, de la vicomtesse Aguado, de mesdames de Sancy Parabère, de Saulcy, Carette, Lebreton-Bourbaki, de la comtesse Clary et de mademoiselle de Larminat.

Sa Majesté passe la nuit en prières, agenouillée à terre, les mains et le front sur le cercueil.

« Il y a vingt ans, remarque un des écrivains qui
« ont raconté cette veillée suprême, il y a vingt
« ans qu'Elle épousait, à Notre-Dame, celui qui
« repose maintenant près d'Elle. Il y a quatorze
« ans, jour pour jour, qu'Elle était assise auprès de
« lui dans la voiture qui les menait à l'Opéra, le
« soir de l'attentat d'Orsini. »

☩

Le lendemain (mercredi, 15 janvier), les funérailles !

Elles doivent avoir lieu à onze heures.

Dès neuf heures, les Français commencent à remplir le parc de Camden et la foule anglaise à s'amasser devant la grille par où doit sortir le cortége, devant la petite église où il doit arriver, et sur les bords de la route, longue d'un kilomètre environ, qu'il doit parcourir.

A dix heures et demie, le corps est levé après les prières d'usage. Le cercueil est placé dans le char funèbre, qui est orné des armes impériales et attelé de huit chevaux.

Le Prince Impérial paraît sur le seuil, suivi des princes de sa famille et des officiers de sa maison. Il porte le manteau de deuil sous lequel on aperçoit le grand cordon de la Légion d'honneur. Il est très pâle. On lit sur son visage sa ferme volonté de dominer sa douleur. Il s'avance... En ce moment, les nuages épais qui depuis le matin obscurcissaient le ciel, s'entr'ouvrent. Un pâle rayon de soleil vient tomber sur le char funèbre. On se regarde : on s'est compris. Tout le monde s'est rappelé le préjugé populaire qui prédisait un beau ciel à toutes cérémonies impériales, et l'on se dit : « Le pauvre Empereur aura encore une fois son « soleil! »

Le cortége se met en marche dans l'ordre suivant :

Les membres du clergé, dont l'un porte la croix;

une députation d'ouvriers parisiens, dont l'un porte le drapeau tricolore;

Le char funèbre;

De chaque côté du char, les sept personnes qui composent la maison de Chislehurst; puis les grands officiers de la couronne : le duc de Bassano, le général Fleury, le prince de la Moskowa, le duc de Cambacérès, le général Frossard;

Le Prince Impérial;

Le prince Napoléon et les autres princes de la famille impériale;

Les représentants de la famille royale d'Angleterre (lord Sydney, lord Suffield); lord Cowley, le Lord Maire; la mission militaire d'Italie chargée de représenter l'armée que l'Empereur a commandée, le peuple qu'il a affranchi; les ministres étrangers résidant à Londres;

Une foule illustre où l'on compte deux maréchaux et un amiral de France, vingt-sept anciens ministres, quinze généraux, six vice-amiraux et contre-amiraux, quatorze députés à l'Assemblée nationale, trente-cinq anciens préfets, plus de deux cents membres du Sénat, du Corps législatif, du Conseil d'État, de la carrière diplomatique, et trois mille Français de tout rang et de toute condition.

Tout le personnel politique de l'Empire est là. Il y en a qui sont venus de loin, qui ont voyagé deux jours et trois nuits pour arriver à temps (ca la date de la cérémonie n'a été connue à Paris que le dimanche, dans les départements et à l'étranger le lundi). Il y en a qui sont partis malades, malgré la défense de leurs médecins, comme le maréchal Canrobert, qu'on veut conduire directement à l'église, mais qui s'y refuse, tenant à suivre une dernière fois son Empereur. Quand on l'a vu arriver, marchant avec peine, tout le monde s'est découvert avec respect.

Ceux qui manquent ont presque tous été arrêtés par un empêchement matériel. Ceux que la crainte de se compromettre a retenus peuvent se compter. Ils sont rares : « Bien peu, disait le lende-« main le *Times,* ont quitté le vaisseau qui som-« brait. Aucun souverain, mourant dans son palais, « au milieu des larmes de son peuple, n'a jamais « rencontré une reconnaissance plus absolue de « son rang suprême. Dans cette modeste mai-« son de campagne, on retrouvait les Tuileries « de 1870 (1). »

(1) Le journal l'*Union* lui-même, peu suspect de sympathie pour l'Empire et les impérialistes, constatait, glorifiait ce grand spectacle en publiant, avec une loyauté qui l'honore, ces lignes de son correspondant de Londres : « L'affluence des visiteurs a dépassé tout ce qu'on pouvait attendre. Ce n'étaient pas seulement des Anglais qui venaient ainsi rendre un hommage suprême à celui qui fut leur plus fidèle allié. Il me sera permis de constater dans l'*Union*, où l'on comprend le culte des souvenirs et la fidélité au malheur, qu'un grand nombre de ceux qui devaient leur élévation à Napoléon III se pressaient autour de son cer-

Qu'eût-ce été, si les militaires avaient pu suivre, eux aussi, les inspirations de leur cœur ? Ils ne se souciaient pas d'aller à Chislehurst, quelques-uns seulement l'avaient demandé, — disent les organes officieux du gouvernement. Laissons les dire. On sait aujourd'hui le contraire : on le savait d'avance ! Quand Napoléon III laissait tant d'amis fidèles dans l'administration, comment n'en aurait-il pas laissé dans l'armée ? Quand il y avait si peu d'ingrats parmi les fonctionnaires civils, comment y en aurait-il eu tant parmi les officiers ? Que le gouvernement crut devoir interdire à tous les militaires en activité, même à ceux qui avaient servi personnellement l'Empereur comme officiers d'ordonnance ou comme aides de camp, d'aller lui rendre les derniers devoirs, soit ! s'il jugeait qu'il ne pouvait les y autoriser sans mettre en péril sa fragile existence. Mais n'était-ce pas leur faire une injure inutile, d'insinuer de mille façons qu'ils n'en avaient pas manifesté le désir; que surtout leur chef, le duc de Magenta, n'y avait jamais songé, quand, à deux reprises, il en avait exprimé la ferme intention, ne voulant pas

cueil... L'ex-grand chambellan de la Cour impériale disait hier « qu'aux plus beaux jours de l'Empire, on n'avait jamais vu à la « fois tant de courtisans réunis. » Ce fait est honorable pour la France et réhabilitera aux yeux des Anglais l'honneur de ce pays compromis par quelques misérables qui, l'autre jour, forcèrent les grilles de Camden-House et allèrent vociférer *la Marseillaise* sous les fenêtres de la maison. »

laisser à des officiers italiens l'honneur de repré·
senter près du cercueil de Napoléon III ces
grandes journées que rappelle son nom.

✠

Chose remarquable ! Dans ce long cortége il n'y
a pas un visage qui ne porte la trace d'une émotion
profonde. On ne dirait pas des serviteurs, des
sujets, suivant leur ancien maître, on dirait une
immense famille suivant son chef.

Non, jamais, empereur ou roi, mourant dans son
palais, n'eut de pareilles obsèques ! Que seraient la
pompe souveraine, et les riches tentures, et les
députations officielles, et l'éclat des uniformes, et le
cliquetis des armes, et les marches funèbres, et le
grondement des tambours voilés de crêpe, et le
canon des Invalides, et le bourdon de Notre-Dame,
— auprès de ce modeste char, suivi de trois mille
amis en pleurs, traversant une lande où se pressent
cent mille assistants, et dont le silence n'est cependant troublé que par le bruit des pas et par le tin-
tement d'une cloche de village ?...

Les huit cents policemen, qui forment la haie, de
la résidence impériale à l'église, sont bien inutiles.
Cette foule est grave, recueillie, immobile et muette
Tous les fronts restent découverts tant que défile le
cortége. Dans bien des yeux, on voit des larmes,
dans tous se lit une expression de regret pour celui

qui s'en va, de sympathie pour les fidèles qui l'accompagnent, si nombreux, à sa dernière demeure...

☩

Il est plus de onze heures quand le char funèbre s'arrête. Huit porteurs descendent le cercueil et le déposent à l'entrée de l'église.

L'évêque de Southwark, assisté de son clergé et de l'abbé Goddard, vient le recevoir.

Deux cents personnes à peine ont pu pénétrer dans le sanctuaire.

Les princes et les princesses sont placés dans le chœur. A droite, dans la nef, les représentants des familles royales ; à gauche, quatre-vingts dames françaises et anglaises, parmi lesquelles lady Sydney, lady Cowley, la marquise de Lansdowne, madame et mademoiselle Rouher, les maréchales de Saint-Arnaud, de Malakoff, Regnaud de Saint-Jean-d'Angély, Canrobert, la comtesse Fleury, la princesse de la Moskowa, la comtesse Walewska, mesdames de la Poëze, Carette, de Sancy-Parabère, de Saulcy, la vicomtesse Aguado, la duchesse de Trévise, la duchesse de Tarente, la duchesse de Montmorency, la duchesse d'Isly, la marquise de La Valette, la comtesse de Palikao, la princesse Poniatowska, la comtesse Davillier, la comtesse de Pourtalès, etc.

La maison de Chislehurst et les grands officiers se tiennent debout autour du catafalque.

Les principaux personnages de l'Empire occupent le fond de l'église. Celle-ci est pleine. Les portes se ferment. La suite du cortége doit se tenir au dehors, dans le cimetière et jusque sur la route. Avant de se retirer, quelques assistants, voulant conserver pour eux-mêmes ou rapporter aux amis qui n'ont pu venir un pieux souvenir de cette journée douloureuse, cueilleront deux ou trois feuilles du lierre qui tapisse les murs de l'église. Tout le monde les imitera, et, en quelques minutes, l'épais rideau de feuillage sera à demi dépouillé.

La cérémonie s'achève, l'absoute est dite par l'évêque. Le cercueil est déposé dans une petite chapelle latérale.

La grille de fer se referme. Le Prince Impérial jette l'eau bénite et se retire. On le suit.

A sa sortie, des Anglais le saluent d'une salve de *hurrahs !* Quelques Français se méprenant sur cette acclamation, qu'ils entendent vaguement, courent à lui et l'entourent en criant : « Vive l'Empereur ! » Le Prince se dérobe à ce salut, qui ravive sa douleur.

Il rentre à Camden.

Toutes les personnes qui formaient le cortége s'y rendent après lui.

☩

Les dames, les représentants des puissances étrangères, les anciens ministres de l'Empereur se réunissent dans les salons du rez-de-chaussée. Le Prince les reçoit, donnant la main à tous, parlant à la plupart. Puis il sort, pour passer la revue des nombreux et fidèles amis qui l'attendent dans le parc, rangés sur deux lignes.

Des officiers de sa maison le précèdent en priant de sa part l'assistance de ne pousser aucun cri. Il veut que cette journée conserve jusqu'au bout son caractère de deuil et que les acclamations qui l'ont accueilli au sortir de l'église ne se renouvellent pas.

Il s'avance lentement, suivi d'un imposant cortége, la tête nue, noble, simple, saluant tout le monde, remerciant d'un mélancolique sourire ceux qu'il reconnaît çà et là.

A la fin de la tournée, près de la maison, il trouve la députation des ouvriers de Paris. Il la remercie d'un mot et se dispose à rentrer. Mais l'un des ouvriers, celui qui tient le drapeau, n'y peut tenir. Oubliant toutes les recommandations, il pousse un cri éclatant de : *Vive l'Empereur !* aussitôt répété par ses camarades, puis par tous les assistants, qui se précipitent en agitant leurs chapeaux ou leurs mouchoirs et en mêlant dans leurs acclamations frénétiques le nom de l'Impératrice à celui de *Napoléon IV*.

Le Prince s'arrête, revient sur ses pas, et d'un air grave, d'une voix ferme, il dit :

— Non, messieurs, ne criez pas : Vive l'Empereur ! L'Empereur est mort... Il faut crier : *Vive la France !*

✠

Tout n'est pas terminé. Il reste à l'Impératrice un dernier devoir à remplir. Elle veut, le lendemain des funérailles, remercier tous ceux qui sont venus de France pour y assister. Elle en a depuis plusieurs jours exprimé le désir. La veille, elle sent qu'elle a trop présumé de ses forces et demande si cette tâche douloureuse ne pourrait lui être épargnée. On la supplie de persévérer dans son premier dessein, dont tout le monde a été, par son ordre, informé : elle cède à ces instances.

Journée douloureuse, journée déchirante entre toutes, qui devait torturer le cœur de l'auguste veuve, mais dont le souvenir, cependant, lui fera verser de bien douces larmes. Nous n'essayerons pas de raconter cette scène. Qu'y aurait-il à raconter ? Des salles garnies d'un millier de Français attendant en silence, puis un bruit de sanglot qui descend, qui s'approche ; une femme paraissant, à demi cachée sous ses voiles noirs, pliée par l'émotion, se redressant à chaque pas par un énergique effort, tendant sa main aux premiers près desquels elle se trouve, ceux-ci s'agenouillant pour la baiser, les autres faisant comme eux; et en un instant toute cette foule à genoux, sanglotant, répondant à ce remercîment muet par une muette protestation : non, cette scène ne peut se peindre. Il y faudrait la plume d'un maître. Encore, ne pourrait-elle en rendre le caractère grandiose et poignant pour ceux qui n'en furent pas témoins... Les autres l'auront toujours vivante sous les yeux !

Disons seulement que, dans cette silencieuse acclamation des cœurs, il y avait plus qu'une effusion de sentiment; on pouvait y voir une sorte de serment tacite; aux écrivains de la presse radicale qui célébraient déjà leur prochaine défection, les serviteurs de l'Empire semblaient répondre, par ce baise-mains comme n'en eut jamais nulle souveraine : « Madame, votre fils est notre Empereur.»

✠

Il suffisait de les entendre échanger leurs impressions, à la fin de ces grandes journées, pour comprendre aussitôt que leur foi n'était pas ébranlée ni leur courage amolli, que tous ces dévouements, toutes ces fidélités passaient naturellement du père au fils comme son légitime héritage. Ne les eût-il pas acquis, à ce titre d'héritier, que le Prince les eût conquis par le charme de ses manières, inspirant l'affection, par la fermeté de son attitude, inspirant la confiance. En le regardant, on songeait malgré soi à ce portrait qu'une plume brillante faisait autrefois de son père : « L'audace voilée par la « timidité, la résolution dissimulée par la douceur, « l'inflexibilité rachetée par la bonté (1). » Et l'on pensait : Oui, celui-là est bien de sa race ! Oui, celui-là est de ceux qui savent dire : *Je marche, suivez-moi* (2) *! ...*

Tel était l'unique sujet des entretiens quand de Chislehurst on rentrait à Londres. Chez beaucoup, la surprise égalait la confiance. Ils n'avaient pas aperçu le Prince Impérial depuis le 4 septembre. Ils avaient vu partir un enfant : ils retrouvaient un jeune homme, dont la tournure svelte et fière, la démarche résolue, la voix ferme et les traits accusés révélaient l'énergie native, murie par le malheur.

✠

Le dimanche 19 janvier, un grand nombre de Français, restés à Londres dans la même pensée, se

---

(1) *Napoléon III*, par le vicomte de la Guéronnière.

(2) « Si le jour du danger arrivait, je ne vous dirais pas comme les gouvernements qui m'ont précédé : *Marchez, je vous suis.* Je vous dirais : *Je marche, suivez-moi.* » (Discours du Prince président, à la garnison de Paris, en 1851).

réunissaient à la petite église de Chislehurst. Ce jour-là, l'abbé Goddard, dominant son émotion, que le tremblement de sa voix trahit seul, adresse à son auditoire les paroles suivantes, oraison funèbre plus éloquente à notre avis, que n'eussent été les plus magnifiques discours prononcés dans la chapelle des Tuileries par l'un des maîtres de la parole, car l'orateur n'a plus à se défendre contre le prestige de la couronne, car il connaît bien, car son ministère sacré lui a permis de scruter à fond la grande âme dont il parle.

.... C'est par N.-S. J.-C. que nous espérons trouver l'éternel repos. Telle était l'espérance de l'illustre mort dont nous pleurons aujourd'hui la perte avec une si amère douleur. C'est à cause de sa foi en Notre-Seigneur, c'est parce qu'il a cherché à s'appliquer les fruits du sang précieux de J.-C. que nous avons confiance. « En vous, ô mon Dieu, nous avons cru et espéré, nous ne serons pas confondus à jamais. » Il n'y a pas longtemps encore, nous l'avons vu devant l'autel de Dieu, professant ouvertement sa foi humble et profonde pour les mystères de notre sainte Eglise ; et la religion, la piété dont il s'est montré animé sont gravés dans notre cœur d'une manière ineffaçable.

Qu'il nous soit permis de soulever le voile du passé, de puiser des consolations dans le souvenir des bonnes œuvres de celui qui n'est plus. On raconte qu'étant enfant, il rentra un jour chez sa mère sans souliers. La reine Hortense lui demanda : « Louis, qu'as-tu fait de tes souliers ? — Mère, répondit-il, j'ai rencontré un petit pauvre, il n'avait pas de souliers, je lui ai donné les miens. »

Cette histoire de l'enfant est l'histoire de l'homme dans

tout le cours de sa vie. Aucune âme n'a été plus noble, plus généreuse que celle de l'Empereur.

Il ne m'appartient pas de juger ses actes politiques. Je veux dire seulement quels sont les motifs qui me font espérer qu'il a été sauvé, motifs fondés sur sa foi admirable en Notre-Seigneur. Il y avait en lui une générosité, une grandeur d'âme, une bonté attachante qui impressionnaient tous ceux qui l'approchaient et les pénétraient de dévouement pour lui. Sa fidélité à ses amis, sa reconnaissance pour la moindre faveur, vertus si belles et si rares, suffisaient seules pour le désigner comme roi parmi les hommes.

Mais il y a quelque chose de plus grand encore. Il existait chez lui un magnanime pardon des injures, dont ceux qui vivaient en dehors de son cercle immédiat ne peuvent pas se faire une idée juste. Bien souvent il a été en son pouvoir de se venger de ceux que leurs mauvaises passions poussaient à le haïr injustement. Mais il s'est constamment abstenu de représailles qui auraient fait réussir ses vues politiques. Que ne m'est-il donné de dire tout ce que je sens ? Mais d'autres, plus éloquents, parleront à ma place. Ce que je veux que vous sachiez seulement, c'est qu'il a cru en Notre-Seigneur Jésus-Christ, c'est qu'il a espéré en lui, c'est qu'il l'a aimé.

Un dernier souvenir pour terminer, et qui prouvera combien il était aimé de ceux qui le servaient: Après le service solennel de mercredi, il est venu nous trouver à la sacristie un maréchal de France, qui a commandé et combattu à Sébastopol. Ses yeux étaient voilés de larmes, et s'adressant à Mgr l'évêque qui avait officié, il lui dit d'une voix brisée d'émotion : « Monseigneur, je vous remercie d'être venu, devant cette tombe, associer votre douleur et vos respects aux nôtres. Celui que nous pleurons les méritait bien, car il avait un noble cœur ! »

Oui, cette histoire de l'enfant fut l'histoire de

l'homme ! oui, c'est bien là sous une forme ingénieuse, le trait distinctif de cette existence souveraine qui, après tant de millions dépensés à secourir la misère, à encourager les arts, à stimuler les découvertes utiles, devait aboutir au *Res angusta domi*, de Camden-House.

☩

La messe dite, chacun alla successivement s'agenouiller devant le petit caveau gothique où repose aujourd'hui la cendre de Napoléon III.

Naître aux Tuileries, passer vingt-sept ans en exil, six en prison, vingt sur le trône, et finir là : quelle vie ! N'est-ce pas pour elle, en vérité, que semblent écrites ces paroles : «Vous verrez dans une « seule vie toutes les extrémités des choses humai- « nes, la félicité sans bornes aussi bien que les « misères, une longue et paisible jouissance d'une « des plus belles couronnes de l'univers, tout ce « que peuvent donner de plus glorieux la nais- « sance et la grandeur, qui ensuite est exposé à « tous les outrages (1) ? »

Oui, c'est là qu'il est couché, dans cette humble chapelle d'un village anglais, dans ce caveau à peine plus grand que son cercueil, celui qui sut

---

(1) Bossuet, *Oraison funèbre d'Henriette de France.*

4

porter sans fléchir le grand nom de Napoléon, qui de sa forte main arracha la France à l'abîme où, dès qu'il l'eût abandonnée, elle devait retomber ; qui réalisa cette rude entreprise de lui donner l'ordre, la sécurité, la richesse, non par des exécutions nombreuses, par de sanglantes fusillades, comme ceux qui l'avaient précédé ou ceux qui l'ont suivi, mais par le seul prestige de sa puissance et de son énergie ; celui dont le caractère modéré avait assuré à la France l'amitié, l'alliance des nations mêmes qu'il avait vaincues ; celui dont on a pu dire qu'il était *l'arbitre des destinées de l'Europe* (1), que, *quand il prenait la parole, le monde entier prêtait l'oreille* (2), et que, pour le préserver des enivrements du triomphe, il fallait *lui souhaiter, comme à Philippe de Macédoine, un esclave venant lui rappeler tous les matins qu'il était mortel* (3)... C'est là qu'il repose !

Non pour toujours, nous l'espérons ! Car, en quittant cette tombe, chacun se rappelle et lui applique l'apostrophe que le chantre de Napoléon Ier adressait au cercueil de Sainte-Hélène.

> Sire, vous reviendrez dans votre capitale,
> Sans tocsin, sans combat, sans lutte et sans fureur

(1) *Le Sun.* M. Thiers, dans l'un de ses discours, répéta ce mot.
(2) *Le Daily-News.*
(3) *Le Morning-Chronicle.*

> Traîné par huit chevaux sous l'arche triomphale,
> En habit d'Empereur (1) !

☩

On salue pour la dernière fois la chapelle où celui qui fut Napoléon III dort de l'éternel sommeil; la maison où celui qui sera Napoléon IV se prépare dans le travail et la méditation aux hautes destinées qui l'attendent, — et l'on s'éloigne, songeant avec tristesse au passé, avec confiance à l'avenir.

Oui, l'héritier de ce grand nom saura le porter; oui, l'héritier de cette grande tâche saura la remplir ! L'instinct de la foule l'a déjà compris. La sympathie des honnêtes gens qui se tourne vers le jeune exilé, la haine des scélérats qui le menace, tout nous prouve que l'Empereur n'est pas mort, qu'il revit, plus jeune, dans le Prince Impérial et que celui que nous pleurons avait prévu la vérité, quand, au lendemain de l'attentat de 1858, il disait : « Si je vis, l'Empire vit avec moi; et si je succom- « bais, l'Empire serait encore affermi par ma « mort. »

(1) Victor Hugo, *le Retour de l'Empereur*.

LISTE

Des Personnes s'étant rendues en Angleterre pour assister aux obsèques de l'Empereur (1)

ABBATUCCI, député.

ABRANTÈS (duc d').

ADELON (M. et Madame).

ADELON fils.

AGRENOL, étudiant.

AGUADO (comte Olympe).

AGUADO (vicomte et vicomtesse Arthur).

AGUADO (vicomte et vicomtesse Onésime).

AGUERY.

AIGOIN, ancien receveur des finances.

ALBERTINI, journalier.

ALESSANDRI.

ALEXANDRE, négociant.

ALEXANDRE (Madame et Mesdemoiselles).

ALLARD (Marcus).

ALMBERT (d').

AMAT (Louis-Napoléon).

AMIGUES (Jules).

AMIGUES (Georges).

ANCEL (Mademoiselle).

ANDRÉ (de la Charente), député.

ANDRÉ (Édouard), anc. député.

ANGELINI.

ANGLE-BEAUMANOIR (comte de l'), ancien sous-préfet.

ARCHAMBAULT.

ARCOS (Madame).

ARJUZON (comte d'), ancien député.

ARJUZON (vicomte d').

ARNAULD (L.).

ATKINSON.

(1) Cette liste, que nous empruntons au journal *l'Ordre*, est la plus complète qu'en réunissant tous les souvenirs, on ait pu publier. Elle est bien loin, cependant, de contenir tous les noms qui devraient y figurer.

AUBERLIGUE (M. et Madame).
AUBERT (Charles).
AUBERT (Francis).
AUGER, ingénieur civil.
AUGER (M. et Madame).
AURIBEAU (d'), ancien préfet.
AYGUESVIVES (comte d'), ancien député.
BALTHAZARD.
BARBERIN.
BARBET (Maurice).
BARBET DE VAUX.
BARBIER.
BAROCHE (A.).
BARRACHIN (M. et Madame).
BARRAL (baron de), ancien sous-préfet.
BARROT (Ferdinand), ancien ministre.
BARROT (Frédéric).
BARTHOLONY, ancien député.
BARTRAM (G.).
BASSANO (duc de).
BASTARD (baron de), ancien sous-préfet.
BATAILLE, ancien conseiller d'État.
BATBEDAT, secrétaire d'ambassade.
BATTESTI (Madame).
BEAUJEMONT, négociant.
BEAULAINCOURT (comtesse de), née de Castellane.
BEAUMONT (comtesse de), née de Castres.
BEAUMONT.
BEAUVERGER (Arthur de).

BEAUVERGER (baron de), ancien député.
BEAUVOIR (de).
BAYARD, ancien maître des requêtes.
BAZIN (Madame).
BÉHIC, ancien ministre.
BELLACQ.
BELLEPÊCHE, cultivateur.
BELLER-BOULANGER.
BELLIARD, ancien député.
BELLOC (Louis).
BENARD, ancien adjoint.
BENEDETTI (P.-J.).
BENOIST (baron Louis de).
BENOIST (baron Constant de). ancien sous-préfet.
BERGMAN (Ernest).
BERGOGNIÉ, ancien préfet.
BERGOGNIÉ, ancien magistrat.
BERNARD.
BERNARD-DEROSNE.
BERNIER, magistrat.
BERRIER-BARRAS.
BERTHIER (vicomte).
BERTRAND-HUE, de Troyes (M. et Madame).
BERTRAND (général vicomte).
BESSON, anc. conseiller d'Etat.
BETTENS (M. et Madame).
BETTENS (Napoléon).
BEVILLE (général baron de).
BÉVILLE (Pierre de).
BIDALLE.
BIONDETTI.
BIROTTEAU (E.), anc. député.
BISSON.

BLAIZE.

BLANC.

BLANCHARD (général).

BLANCHET (Henri).

BLANCHETOT (Louis-Napoléon), cultivateur.

BLOUNT (A. et E.).

BLAVET (Émile).

BOELL (François).

BOHAT, ancien préfet.

BOINVILLIERS, ancien sénateur.

BOINVILLIERS, ancien maître des requêtes.

BOITELLE, ancien préfet de police.

BONALD (comte de).

BONNET (Madame Émile).

BONNET, ancien tambour-major de la garde.

BONNAT (Eugène).

BORELLE (Louis).

BOUARD (Albert), ancien maître des requêtes.

BOUDIER (l'abbé).

BOUELLE-SANTINI (Madame).

BOUIN.

BOULANGER-CAVÉ.

BOULAY DE LA MEURTHE (vicomte).

BOURBON (le prince Fernand de).

BOURBON le (prince Louis de).

BOURDIN (E.).

BOURGOING (baron de), ancien député.

BOURGOING (baronne de).

BOURGOING (Pierre de).

BOURLON DE ROUVRE, ancien préfet.

BOURSETTI (de), raffineur (Honfleur).

BOSC (du).

BOSREDON (de), ancien conseiller d'État.

BOUSSE (de).

BOUSSIN, boulanger à Pantin.

BOUTOILLE-LEBÈGUE.

BOUVILLE (comte de), ancien préfet.

BOYER.

BOYER (Cassius), ancien maire de Paris.

BRANICKI (comte Constantin).

BRANICKI (comte Xavier).

BRAY (Léon) (M. et Madame).

BRASSIER, ancien préfet.

BRICAGE.

BRIDOT.

BRIÈRE (Alphonse).

BRIMONT (vicomtesse de).

BROSSARD (Madame G.).

BROSSEL.

BRUEL.

BROUOL.

BRUFEL.

BRULÉ (A.).

BRULÉ (D.).

BRULÉ (J.).

BRUNEHAUT (Jules).

BRUNEL.

BRUNET (le commandant), aide de camp du prince Napoléon

BRUNON.

BURELLE.

BUSSON-BILLAULT, ancien ministre.

BUSSON-BILLAULT (Julien).

BUTENVAL (comte de), ancien sénateur.

BUTTEL (Auguste).

CADORET (l'abbé), chanoine de Saint-Denis.

CAILLÉ, ancien chef de bureau au ministère de la guerre.

CALAMATTA.

CALLAUT (de).

CALVET-ROGNIAT (Amédée).

CAMBACÉRÈS (le duc de).

CAMPBELL (docteur).

CANGUOIN.

CANU (général).

CANROBERT (le maréchal et la maréchale).

CAPITAINE.

CAPDEBIELLE (de).

CARANET, cordonnier.

CARAUDAT.

CARAMAYOR (de).

CARETTE (Madame).

CARLISTE, cordonnier.

CARLOTTI, cordonnier.

CARPEAUX DE MONTFORT (Madame).

CARPEAUX, sculpteur.

CARRERAS (J. de).

CASABIANCA (Denis de), étudiant.

CASTAING (l'abbé), chanoine de Saint-Denis.

CASTELBAJAC (le marquis de).

CASTELLANE (comte Pierre de).

CASTELLI (Étienne), étudiant.

CASTELNAU (le général).

CATAYOLLE, ouvrier.

CAUMONT LA FORCE (marquis Bertrand de).

CAUMONT, coiffeur.

CAUVIN (Camille).

CAZALIS.

CAZALIS (Étienne), avocat.

CAZALIS (Frédéric).

CAZENEUVE, ancien sous-préfet.

CAZENOVE (B. de).

CELLINI (Henri).

CELLINI (Louis).

CENDRIER, peintre en bâtiments.

CHEVREAU (Henri), ancien ministre.

CHEVREAU (Madame Henri).

CHEVREAU (Urbain).

CHEVREAU (Léon), ancien préfet.

CHAIX D'EST-ANGE.

CHAMPAGNY (comte Paul de), ancien député.

CHARANÇONNET.

CHARLES (fils).

CHASSELOUP-LAUBAT (marquis de), anc. ministre, député.

CHASTENET-BEAULIEU.

CHAUVELOT.

CHAUCHARD (général).

CHAUTARD.

CHAVET.

CHEMERY.
CHEREY (Madame.)
CHOISEUL (comte Raynald de).
CHOPPART, (vice-amiral).
CLABAULT.
CLARY (comte et comtesse).
CLAUDE.
CLESINGER, sculpteur.
COFFIN, docteur.
COLBERT-CHABANNAIS (marquis de), ancien député.
COLLIN, imprimeur.
COLLIGNON (Ch.).
COLLOT, boucher à Pantin.
COLSON, tourneur en cuivre.
COMBES.
COMMELIN.
COMMINGES-GUITAUD (comte de), ancien ministre plénipotentiaire.
COMMINGES-GUITAUD (comtesse de).
COMPRESSE, mécanicien.
CONCHON, architecte.
CONEGLIANO (le baron de), ancien député.
CONSALVY, imprimeur.
CONTADES (comte de).
CONTANSEAU.
CONTI (L.)
CORDIER (Louis).
CORDIER, ex-instituteur.
CORDIER fils.
CORMIER (E.).
CORNETET.
CORNUAU, ancien préfet.
CORNUAU (Madame).

CORVÉE (E.)
COSSÉ-BRISSAC (le comte de).
COTTIN, anc. conseiller d'Etat.
COTTIN (Robert).
COULAMBEL (Auguste).
COURTOIS.
COUSSIGNÉ, marchand de vins.
CROIX (Louis de).
CUBE-DEBEILLE, employé de commerce.
CUNÉO-D'ORNANO.
CZWETZINSKI (prince et princesse Jean).
DAGUILHON - PUJOL, ancien député.
DAGUIN.
DALLET (Marius).
DALMAS (de), ancien député.
DAMOISEAU (Félix).
DAROUX.
DAROUX, ouvrier du port de Grenelle.
DARRICARRAIRE (Olivier).
DASTÉ, négociant.
DAUTRIAUX.
DAVID (baron), ancien ministre.
DAVID (Napoléon).
DAVILLIER (comte et comtesse).
DEBLOIS (A.).
DECAN.
DELAPALME, notaire.
DELARUE, chauffeur.
DELARUE (Eug.), négociant.
DELATTRE, conseiller à la Cour des comptes.
DELAUNAY.

DELAUNAY (Joseph).
DELAUNAY-VERNHEZ.
DELCRO (Jules), négociant.
DELESSERT (Édouard).
DELESSERT (Eugène).
DELMANS-SARTAN.
DELOUÉ, de Rouen.
DELOZIÈRE.
DELPECH.
DELPIERRE.
DELPIERRE-LEFRANC.
DELPLUY, étudiant.
DELPOUCHE, négociant.
DEMOUGÉ, avocat.
DEPREZ, ingénieur.
DERECQ, architecte.
DESAUTY.
DESBOIS.
DESCAVES.
DESMAROUX DE GAULMIN
  (le baron), ancien député.
DESONENS (Ernest).
DEVOYE.
DEZEVAUZ.
DIDION, cordonnier.
DOLPHIN, ouvrier tourneur.
DOUBLE (Léon).
DOUCHY-LAMARRE.
DOURDIN, avocat.
DOURDUN (M. et Madame
  Théophile).
DUBOIS DE L'ESTANG, con-
  seiller maitre à la Cour des
  comptes.
DUBOIS DE L'ESTANG (Ma-
  dame).
DUBOIS (Gaston).

DUBOIS, négociant.
DUBOIS, ancien élève à l'École
  des Chartes.
DUBUISSON (E.).
DUBUISSON (Constant).
DUBUISSON (Madame).
DUCOS (Madame).
DUFOUR.
DUGUÉ DE LA FAUCONNE-
  RIE (Madame).
DUHAMEL (Joseph).
DUMAS (E.).
DUMAIS, ouvrier.
DUMARS (E).
DUMESNIL DE MARICOURT.
DUMOULIN.
DUPERRE (baron Victor), capi-
  taine de vaisseau.
DUPIN.
DU PLESSIS.
DU PLESSIS (Madame).
DUPONT (Léonce).
DUPUY (Gabriel).
DUPUY (Isidore).
DUQUESNOY.
DURAND (Ernest).
DURAZZO (Laurent), étudiant.
DURIS, sommelier.
DUROZEY.
DURUY, ancien ministre.
DURUY (M. et Madame Albert).
DUVERGIER.
DUVERNOIS (Clément), ancien
  ministre.
ELMÈCHE.
ENGELER (E.).
ERLANGER (le baron).

ESCANDON (M. et Madame).

ESCHASSÉRIAUX (baron), député.

ESPADA (M. et Madame de la).

ESPAGNY (comte d').

ESPEUILLES (le général marquis d').

ESPEUILLES (la marquise d').

ESPINASSE (Jules).

ESPINEUIL (comte et comtesse
d').

EXELMANS, contre-amiral.

FALCON DE CIMIER, ancien
préfet.

FARINCOURT (baron de), ancien préfet.

FAUCHER (M. et Madame).

FARIBAUD.

FAVERNEY (comte de), premier
secrétaire d'ambassade.

FAYOLLE père.

FELIGONDE (de), conseiller
référendaire à la Cour des
comptes.

FELTRE (duc de).

FERNANDEZ.

FERNINGHAM (H.), secrétaire
d'ambassade.

FESTUGIÈRES, ancien audi-
teur au Conseil d'État.

FIGEAC.

FLAVEL (Guillaume).

FLAXLAND, édit. de musique.

FLEURANT.

FLEURY (Jules), ancien consul
général.

FLEURY (général comte).

FLEURY (comtesse).

FLEURY (Adrien et Maurice).

FLORANT-EMSENS.

FONTBRUNE (Henri de).

FONTENILLES (de).

FONTRÉAL (de) (M. et Ma-
dame).

FORCADE LA ROQUETTE (de),
ancien ministre.

FORGET (marquis de).

FORTOU (général marquis de).

FOULD (Edouard), anc. député.

FRANCISCHETTI.

FRANOIX, avocat.

FRÈRE, négociant.

FRICHOT, ouvrier en pianos.

FROIDEFOND (Jean), étudiant [1].

FROSSARD (général).

GAAL (baron de).

GADY.

GALBOIS (baronne de).

GALIFFET (marquise de).

GALLONI D'ISTRIA, député.

GALLOTTI.

GALVEZ.

GAMBARD (François).

GAMBARD-FROSSARD.

GANDON.

GARDON, fabricant de pianos.

---

(1) M. Froidefond représentait, avec M. Vico, un groupe considérable d'impérialistes de Montpellier, qui avaient ouvert une souscription pour se faire représenter par deux d'entre eux à Chislehurst.

GARDONNE (comte de).
GARNIER, ancien préfet.
GARS (Octave de).
GASDEBLÉ frères, cultivateurs.
GAUDIN, anc. conseiller d'État.
GAUDRILLE.
GAUPIN.
GAUSSIN (Georges).
GAUTHIER (Alphonse), ancien conseiller d'Etat.
GAVINI, député.
GAVINI (Madame).
GAVRE (T. de).
GEIGER (baron), anc. sénateur.
GÉRARD.
GERAVAT, frère des écoles chrétiennes.
GERY, ancien conseiller d'Etat.
GERY fils.
GILBERT.
GIBERT (Gabriel).
GILLET (Auguste), architecte.
GILLOND;
GIMET, ancien préfet.
GIRARDIN (Alexandre de).
GIRARDIN (marquis de), ancien sénateur.
GIRAUD.
GIRAUDEAU (Fernand), ancien chef de division au ministère de l'intérieur.
GIRAULT (J.-R.).
GIUDICELLI (Jacques).
GIUDICELLI (François).
GIUDICELLI (Mme Augustin).
GLETTELY.
GLORIEUX.

GODDIER (Jules).
GOISSET (M. et Madame Edmond).
GOUPIL (E.), ancien maître des requêtes.
GOURGAUD (baron).
GOURGAUD (Napoléon).
GOURNAY (E.).
GRAMONT (duc de), ancien ministre.
GRANDPERRET, ancien ministre.
GRESSIER, ancien ministre.
GRICOURT (marquis de), ancien sénateur.
GRISÉ-MAILLARD.
GROS (baron), anc. sous-préfet.
GUASCO (Charles).
GUDIN.
GUÉRARD (Henri), négociant.
GUÉRIN (Louis).
GUILLOT.
GUILLOUTET, ancien député.
GULLINO (chevalier de).
GUSSAL, étudiant.
GUEY MULLER DE GALL, ex-officier de mobiles, journaliste.
HAGE.
HAENTJENS, député (et Madame).
HALOPÉ (Adolphe).
HAMILTON (duc de).
HANNOY (Prosper et Félix).
HANS (Albert).
HAREL (Léon).
HARILLON (Ch. de).
HARITOFF (Maurice).

HARITOFF (Eugène).

HARTMANN.

HAUSSMANN (baron), ancien préfet de la Seine.

HAVRINCOURT (marquis d'), ancien député.

HÉBERT (Antoine).

HEECKEREN (baron Georges de)

HEECKEREN (Mademoiselle de)

HÉRISSON (comte Maurice d'IRISSON d').

HERPIN (l'abbé).

HERVEY (Madame et Mesdemoiselles).

HERVILLY (d').

HESLING (M. et Madame).

HESS (Madame).

HEURTEL.

HOGGENDORP (comte de).

HUARD.

HUBER (baron de).

HUBERT-DELISLE, ancien sénateur.

HUBERT-SALADIN (le colonel fédéral).

HUBERT (Paul).

HUBERT (Gustave).

HUESCAR (duc d').

HUET, ancien député.

HUET (S.).

HUET père.

HYRVOIX, ancien receveur général.

HYRVOIX (Albert).

HYRVOIX (Alphonse).

HYRVOIX (William).

ISLY (la duchesse d').

JANCIGNY (baron de), ancien préfet.

JAUCOURT (comte de), ancien député.

JEANIN (baron), ancien conseiller d'État.

JEANIN (Eugène).

JESSAINT (vicomte de), ancien préfet.

JOBERT.

JOEST (baron de).

JOLIBOIS, ancien conseiller d'État.

JOLIBOIS (Ch.), ancien auditeur au conseil d'Etat.

JOLIEUX.

JOLY.

JOZAN.

JUBIER, maçon.

JUNIAC (général, baron de).

JURIEN DE LA GRAVIÈRE, (amiral).

KASTNER (Frédéric).

KASTNER (Madame veuve).

KERAVENO (Madame de).

KREMER.

KONSKI (de).

LABARTHE (vicomte de), ancien sous-préfet.

LABAT (Jules).

LT. [illegible] TU

LABÉDOYÈRE (Jehan de).

LABÉDOYÈRE (comte de).

LACOMBE, négociant.

LA CHAPELLE (comte de).

LACHAUD, avocat.

LACHAUD fils.

LACHAUD, éditeur.

LACROIX (Napoléon), négociant.

LACROIX (Eug.), architecte.

LADINELLE (A.).

LAFOND DE SAINT-MUR, ancien député.

LAFAYE DE GUERRE (M. et Madame de).

LAFERRIÈRE (vicomte de).

LAFFITTE (Charles).

LAGLAINE (M.).

LAGRANGE (marquis de).

LAGRANGE (Eug.).

LA GUÉRONNIÈRE (vicomte de), ancien sénateur.

LAINE (l'abbé).

LAINE (Octave).

LAIRE (de), ancien préfet.

LAIGLE DE MAZURES (de).

LAJUS (baron de).

LALANE (A. de).

LAMARRE.

LAMBERT.

LAMBERT (baron).

LAMBERT (Tristan).

LAMBLIN (Camille).

LANDIN, architecte.

LANNOY (J. de).

LANSLIN (docteur).

LA PANOUSE (vicomte de).

LARROQUE (docteur, baron de).

LARAU.

LA ROGEZ-CUVILLIER.

LA RONCIÈRE LE NOURY (amiral, baron de).

LAS CASES (comte de).

LASSERRE (A.), ancien sous-préfet.

LASTIC (comte de).

LASUS (Octave).

LAUVERT.

LAVIGERIE (A. de).

LAVILLE.

LAVIARDE (A.), de Reims.

LAVERGE.

LA VALETTE (marquis de), ancien ministre.

LA VALETTE (marquise de).

LAVALETTE (comte de), ancien député.

LAVALETTE (comtesse de).

LEBATARD (Madame).

LEBŒUF (maréchal).

LEBRUN (Armand).

LEBRUN (général).

LECOMTE, négociant.

LECOMTE, ouvrier gazier.

LECONTRE (de Sèvres).

LEDEUIL-MOREL.

LEDOUX-DUMOULIN.

LEFEBVRE (Jules), anc. préfet.

LEFEBVRE (Armand), étudiant.

LEFEBVRE (François).

LEFRANC (François).

LEFRANÇOIS.

LÉGER, de Saint-Malo.

LÉGLISE.

LÉGUEVEL DE LA COMBE.

LE HON (comte), ancien député.

LEJEAN, tourneur.

LEMARROIS (comte).

LEMOUELLE, négociant.

LEMOUEL (Louis), négociant.
LEPIDI.
LÉPINE (marquis de).
LEPS (Ed.).
LERET D'AUBIGNY.
LEROY, étudiant.
LEROY, négociant.
LEROY et ALBERT, coiffeurs.
LESSAGE (Victor).
LEUILLET (Louis).
LEVERT, député.
LEZAY-MARNEZIA (marquis de).
LEVY (Gustave), ancien officier.
LIÉGEARD, ancien député.
LIVET (Arthur).
LIGUORI, frère visiteur des écoles chrétiennes.
LINARD, ex-sous-officier.
LIVOIS, docteur, ancien maire de Boulogne.
LHOMME.
LONCK.
LOUVET, ancien ministre.
LUCCIONI, ex-sergent-major.
LUCAS (Henriette).
LUC DE VARS.
LUE-DAVID.
LYDEN (de).
MAFFEI (le docteur).
MAGNAN (Madame Léopold).
MAIGNE (Charles), ancien receveur général.
MAIGNE (Madame Édouard).
MALAKOFF (la maréchale, duchesse de).
MALARET (baron de).

MALCUITE.
MALFROY (Auguste).
MALLET-FAURE, négociant.
MALVEZZI (comte et comtesse).
MANDOLINI.
MANOIR (vicomte du).
MANSART, syndic de la presse conservatrice de province.
MARC (Al.).
MARCILLY (de), ancien préfet.
MARCILLY (Gaston de).
MARIANI (Ernest).
MARIOTTI.
MARTEL (comte de), ancien préfet.
MARTEL (Mademoiselle Albertine).
MARTIN (Baptiste).
MARTIN, doreur.
MARTIN (R.).
MASSON (Charles).
MAQUET (Auguste).
MATHIEU, ancien député.
MATHIEU (Maurice, Albert et Emmanuel).
MAUFAIT.
MAUNIER.
MAUPAS (M. et Madame Pau de).
MAXIMILIEN (Claude).
MAYER (Arthur).
MAYER (Maurice), négociant.
MAZIS (des).
MAZUREL (François).
MAZURIER (Jules).
MENTQUE (vicomte de), ancien sénateur.

MERCIER (baron), ancien am-
bassadeur.
MELINET.
MERLIN (Madame).
MERSON (Ernest), directeur de
l'*Union bretonne*.
MÉTAIRIE (l'abbé).
MEURICE.
MEYNARD (de), ancien maître
des requêtes.
MIMEREL (comte).
MOLINET (comte de).
MONGROLLE (M. et Madame).
MONTBARD (comte de).
MONTBRUN (baron de).
MONTCHARME (comte de).
MONTCHAUX (vicomte de).
MONTEBELLO (général comte
de).
MONTMORENCY (duc et du-
chesse de).
MONTOUR (baron de), ancien
préfet.
MORANGE (Charles) (M. et
Madame).
MORAND (comte).
MOREAU (A.).
MOREAU, ancien maire.
MOREL.
MOREL (Henri).
MOREL (Jules).
MORIN (l'abbé).
MORIO DE L'ISLE (baron).
MORIO DE L'ISLE (Henri), an-
cien sous-préfet.
MORLAS (de).
MORTIMER (J.).

MOSBOURG (comte de), mi-
nistre plénipotentiaire.
MOSKOWA (général, prince de
la).
MOSKOWA (princesse de la),
née de la Roche-Lambert.
MULLER.
MULLER (Jules).
MURAT (Joachim) (comte), dé-
puté.
MURE, secrétaire d'ambassade.
NADAUD (Octave).
NADAUD (Victor).
NAVONE (Albéric).
NEGRETTO (général).
NEUFLIZE (baron de).
NEVEU-FEUILLET.
NIEUWERKERKE (comte de),
ancien sénateur.
NISSMANN (colonel).
NORBERT-BILLIART.
NOUE-BILLAULT (de la), ancien
conseiller d'État.
NOUJARET.
NOURMOT (Madame Adeline).
ORNANO (comte d').
OSWALD (Vincent).
OTTAVIANI.
OUIN-LA-CROIX (l'abbé).
PAILLARD, ancien préfet.
PAJOL (vicomtesse).
PALIKAO (général, comte de),
ancien ministre.
PALIKAO (comtesse de).
PALOUZI.
PAOLI (M. et Madame).
PARDILLA (G. de la).

PASCAL (Joseph).
PASQUIER.
PASTRÉ (André).
PASTRÉ (Jules).
PASTRÉ (Pierre).
PAUVERT.
PEABODY.
PELATANE.
PELLEGRINI, artiste.
PELTREAU.
PÉON (comte A. de).
PERARD-BOUTETEUX.
PERETTI (Pierre-Paul).
PÉRIVIER.
PÉRIVIER (Antoine).
PERNETTI (vicomte et vicomtesse).
PERNEY (P.).
PERKINS (Madame).
PERKINS (Ad). fils.
PERRAUD, lieutenant-colonel en retraite.
PERREAU.
PERRON, homme de lettres.
PERROT, ouvrier.
PERSIGNY (duc de).
PETIT.
PEYNE (de).
PHILIPPE, maçon.
PICHOT (Pierre), directeur de la *Revue britannique*.
PICON (Mademoiselle).
PIENNES (marquis de), ancien député.
PIERRE (Louis), anc. huissier.
PIERRES (baron de), ancien député.

PIERRON DE BRABOET.
PIÉTRI, ancien préfet de police.
PIÉTRI, ancien conseiller de préfecture.
PIÉTRI (Laurent).
PIÉTRI (Pascal), étudiant.
PILATTE (Ch.), dessinateur.
PINARD, ancien ministre.
PISANI-JOURDAN (général comte).
PLANCHON, berger.
PLICHON, ancien maire d'Arras.
POCHEY-HARRISSON.
POEZE (comte de la), ancien député.
POËZE (comtesse de la).
POGGI (Paul).
POLICARD.
POLVERINI.
PONIATOWSKI (prince et princesse).
PONTCHALON (de) (Madame et Mesdemoiselles).
PONTJEST (de).
PORRIQUET, ancien préfet.
PORTE-ENSEIGNE fils, ouvrier doreur.
POTIER.
POUGEOT.
POULIN.
POUPARD, cultivateur.
POURTALÈS (comte et comtesse de).
POUYER, négociant.
PROU (baron), ancien préfet.
PRUNEL.
PUECH-CAZELLES.

PUGLIESI-CONTI, anc. préfet.
QUITTANT.
RAGOUS (Madame et Mademoiselle).
RAGOURD.
RAINBEAUX (M. et Madame).
RAMBAUD (M. et Madame Yveling).
RAMOND, ancien auditeur au conseil d'Etat.
RANDOUIN (Jules), ancien sous-préfet.
RAPHAEL (François).
RAYMOND (comte de).
REGNAULD SAINT-JEAN-D'ANGÉLY (la maréchale, comtesse).
REILLE (général).
REISET (comte de), ministre plénipotentiaire.
REISET (comtesse de).
REMO.
REMY (Albert).
RENAUDIN.
RENAULT, mécanicien.
RESCOTT.
REYMOND.
RICARD.
RICH.
RICHARD BENSON, négociant.
RICHARD (Maurice), ancien ministre.
RICHEBÉ, ancien sous-préfet.
RIGAULT DE GENOUILLY, ancien ministre, amiral.
RIPALDA (comte et comtesse de).

RIVIÈRE (Henri).
ROCCA (A. de la).
ROGER (Louis).
ROGER-MARCHÉ.
ROGER (M. et Mademoiselle).
ROLLET frères.
ROLLIN.
ROMEUF (Paul de), ancien auditeur au conseil d'État.
ROUHER, ancien ministre.
ROUHER (Madame et Mademoiselle).
ROUHER (Gustave).
ROUSSEL.
ROUSSEL (Louis).
ROVEDA, ancien capitaine de la garde).
ROY, professeur.
ROY, docteur.
ROYE (comte L. de).
ROY DE LOULAY, député.
ROYER (Clément, Paul et Louis de).
SAINT-ARNAUD (la maréchale de).
SAINT-AVOIX (baron de).
SAINT-EXUPÉRY (comte de), ancien sous-préfet.
SAINT-HUBERT (de).
SAINT-PAUL (de), ancien sénateur.
SAINT-ROMAN (comte de).
SALAOUN.
SAMPAYO (Charles de).
SAMSON, du Hàvre.
SANCY (comtesse de).
SANTIAGGI.

SANTOLINI (M. et Madame).
SANTUPERI (colonel).
SAPIA, ancien payeur général.
SARDOU (Madame).
SARLADE (Albert).
SAULCY (M. et Madame de).
SAULNIER (Ernest).
SAUSSOY (M. et Madame du).
SAUVEUR (Noël).
SAVIN.
SCHAUBE, mécanicien.
SCHMITT (Emile).
SCHNEIDER, ancien président
   du Corps législatif.
SCHNEIDER (Henri).
SCHNEUER.
SCHIMANN, ancien officier.
SCHŒBLE (Mademoiselle
   Aglaé).
SCHŒDLER.
SEBENS (Auguste).
SECHET (M. et Madame).
SECOND (Albéric).
SÈDE (baron de).
SEGRIS, ancien ministre.
SEGUIN DE LA SALLE (Ma-
   dame).
SEIGNEUR (Georges), avocat.
SELLE.
SENCIER (Léon), ancien préfet.
SENS, ancien député.
SERPETTE (Richard).
SERÉ-DEPOINT, ancien maire.
SERVATIUS (baron), ancien
   préfet.
SIMBALDI (Napoléon).
SION (M. et Madame).

SOUCHÉ (Madame F.).
SOUCHÉ (G.).
SOULIÉ (M. et Madame).
SOUMAIN (Eugène).
SPÈQUE (César).
SPRENT (Thomas).
STANDLAH (Cécile).
STEENBOCK (de).
STOFFEL (colonel).
STRAUSS.
STRODE.
SUAREZ d'AULAN (comte de).
TARBÉ (Edmond).
TARENTE (duc de), ancien sé-
   nateur.
TARENTE (duchesse de).
TARGET (M. et Madame Félix).
TASCHER DE LA PAGERIE
   (baron).
TALLOT, ouvrier bijoutier.
TERRIER (Jules).
TESTUT (Jacques).
TEURAULT.
THAYER (Madame Amédée).
THÉLIN.
THENNOT, ouvrier papetier.
THÉROULDE.
THIERRY (Auguste).
THOINNET DE LA TURME-
   LIÈRE, ancien député.
THOMAS (Caro).
THOMAS (Charles).
THORILLON, ouvrier ciseleur.
THOURETTE, négociant.
THUILLIER (Georges).
THUILLIER (Madame).
TOURANGIN, ancien préfet.

TOUREL fils.

TRADOT.

TREILHARD (vicomte), ministre plénipotentiaire.

TRÉLAN (baron de).

TRÉVISE (duc de), ancien sénateur.

TRÉVISE (duchesse de).

TRICOT (Lucien), avocat.

TRICOT-JOUVELLIER, négociant.

TROPLONG (Édouard).

TURENNE (vicomte Guy de).

TURENNE (vicomte Léo de).

VACHERIE, avocat.

VALÉRY (comte).

VALON (de), député.

VARANNES (Madame Arthur des).

VARANNES (Louis des).

VANUZZI, étudiant.

VANUZZI (Ange).

VAN DE WELD.

VAST-VIMEUX (baron), député.

VAUGHAM (Mademoiselle).

VAYER (LE).

VERDIER, négociant.

VERDÉ DE LISLE, négociant.

VERGENNES (de).

VERLY (colonel) et son fils.

VERNIER (Madame).

VERNIER, conseiller d'État.

VICO (J.).

VIDAL (F.).

VIGNÉ (Joseph).

VIGGIANI.

VILLERET (baron de), ancien sous-préfet.

VILLOT (Georges).

VIRY-COHENDIER (comte et comtesse de).

VITU (Auguste) et son fils.

VUHRER.

VUICHOT (Madame).

WAGNER (comte Paul).

WAGRAM (prince Alexandre de).

WALEWSKI (comte et comtesse Alexandre).

WALEWSKRA (comtesse).

WALSH (vicomte).

WATRIN.

WAUBERT DE GENLIS (général).

WENLING, brasseur.

WŒSTYNE (Yvan de).

WORMS (baron Henri de).

ZERBI, ancien sous-préfet.